czytamy
w oryginale
**wielkie
powieści**

Czytamy w oryginale

James Fenimore Cooper
The Last of the Mohicans
Ostatni Mohikanin

Autor adaptacji:
Graham Read

Tłumaczenie adaptacji na język polski:
Redakcja

Projekt graficzny i ilustracje: Małgorzata Flis

Skład: Marek Szwarnóg

© for this edition: Global Metro Sp. z o.o., 2013

wydawnictwo 44.pl

Global Metro Sp. z o.o.
ul. Juliusza Lea 231
30-133 Kraków

Druk i oprawa: OSDW Azymut Sp. z o.o.

ISBN: 978-83-63035-27-3

czytamy
w oryginale

James Fenimore Cooper

The Last of the Mohicans
Ostatni Mohikanin

adaptacja w wersji angielsko-polskiej

wydawnictwo
44.pl

I. SILENT DANGERS

It is a strange characteristic of the French English war of North America that the dangers of the natural world had to be defeated before any fighting could be done between the two countries. The land was covered in mountains, lakes and forests, which, although the French and British fought over for three years, neither would eventually possess. We start our story in a large forest, where Fort Edward stands. At the time an enormous

I. UKRYTE ZAGROŻENIA

Francusko-angielska wojna w Ameryce Północnej miała pewną dziwną cechę. Otóż zanim oba kraje mogły stanąć do walki, trzeba było pokonać niebezpieczeństwa i przeszkody, jakie stawiał przed człowiekiem świat naturalny. Ziemię tę pokrywały góry, jeziora i lasy. I chociaż Francuzi i Anglicy walczyli o nią przez trzy lata, to jednak nigdy jej nie zdobyli. Nasza opowieść rozpoczyna się w wielkim lesie, gdzie stoi Fort

French army, commanded by General Montcalm, was in the region and the British were worried about an attack.

A group of people are travelling from Fort Edward to Fort William. Two of them are daughters of the British general, a man called Munro. Instead of going on the normal road between the forts, a journey of two days, they had decided to journey through the forest. The party also included an English officer, a religious man and a native Indian.

Duncan, the officer, had fair golden hair and bright blue eyes. The younger of the sisters, Alice, was also blonde and fair, and she was very beautiful. The other, Cora, was also beautiful, but had black hair, darker skin and was perhaps five years older. The fourth white man, David, was a strange looking man. His head was large, his shoulders narrow, his arms and legs long and thin. He was a pilgrim who had come to America to tell the natives about the word of God. As for the Indian who was guiding the group, he was silent and angry-looking.

While the Indian was walking ahead, Alice asked Duncan about their guide.

"I don't like him. Can we trust him?"

"I would not let any man guide us who I do not know. I met him by accident. He once had some trouble with your father, but he has been punished for that."

"If he has been my father's enemy, I like him even less," said Alice.

Edward. W owym czasie potężne siły francuskie pod dowództwem generała Montcalma stacjonowały w tym regionie i Anglicy obawiali się ataku.

Z Fortu Edward do Fortu William podróżuje grupa ludzi. Dwie osoby to córki brytyjskiego generała o nazwisku Munro. Zamiast podróżować regularną drogą między fortami, co zajęłoby im tylko dwa dni, grupa zdecydowała się na podróż przez las. W grupie znajdowali się także angielski oficer, pastor i rdzenny Indianin.

Oficer o imieniu Duncan miał jasne, złote włosy i jasne, niebieskie oczy. Młodsza z sióstr, Alice, była bardzo piękną, jasną blondynką. Druga z sióstr, Kora, także była piękna, ale miała ciemne włosy, śniadą skórę i była pięć lat starsza. David, czwarty biały w grupie, wyglądał dziwnie. Miał dużą głowę, wąskie ramiona i długie, cienkie nogi. Był pielgrzymem, który przybył do Ameryki, aby nieść tubylcom Słowo Boże. Indianin, będący przewodnikiem grupy, był milczący i zagniewany.

Podczas gdy Indianin szedł na przedzie, Alice wypytywała Duncana o przewodnika.

– Nie podoba mi się on. Czy możemy mu ufać?

– Nie pozwoliłbym nieznanemu człowiekowi być naszym przewodnikiem. Spotkałem go przypadkiem. W przeszłości miał jakieś zatargi z twoim ojcem, ale został surowo potraktowany.

– Jeśli to wróg mojego ojca, to tym bardziej go nie lubię – odpowiedziała Alice.

"Should we distrust a man because his skin is darker than ours?" asked Cora coldly, and the conversation stopped.

After a time, David began singing a religious song and Alice joined in. The group relaxed as they continued through the narrow forest path. However, after one song the Indian came to the group and spoke quickly to Duncan.

"Though we are not in danger, our guide suggests that we should avoid attention while on these paths," Duncan told them.

Their journey continued in silence, and none noticed when an Indian face looked out from behind a tree, viewing his potential victims.

Later in the day, and only a few miles to the west, we can find two men standing together by a small river. One of the men was a redskin while the other, although dark, was a white man – a strange couple. One carried the tomahawk of a native; the other had a long hunting rifle. The native was almost naked, whereas the white man wore a green hunting shirt. They called each other by their Indian names, Chingachgook and Hawkeye, and spoke in the Indian language. The Indian was telling Hawkeye about the history of his people.

"The first whitefaces were Dutch. In those times we, the Delawares, were a happy people. The lakes gave us fish; the wood, animals; and the air, its

– Czy mamy nie ufać człowiekowi tylko dlatego, że jego skóra jest ciemniejsza niż nasza? – zapytała zimno Kora i na tym rozmowa się zakończyła.

Po pewnym czasie David zaczął śpiewać pieśń religijną, a razem z nim Alice. Grupa poczuła się lepiej i szła dalej wąską, leśną ścieżką. Ale po następnej pieśni do podróżnych zbliżył się Indianin i powiedział coś szybko Duncanowi.

– Nie grozi nam żadne niebezpieczeństwo, jednak nasz przewodnik sugeruje, abyśmy na tych ścieżkach nie ściągali na siebie niepotrzebnie uwagi – poinformował grupę Duncan.

Podróżowali więc dalej w ciszy. Nikt nie zauważył Indianina, przyglądającego się zza drzewa swoim potencjalnym ofiarom.

Tego samego dnia, kilka mil na zachód, widzimy dwóch mężczyzn, stojących nad wąską rzeczką. Jeden z nich miał czerwoną skórę, a drugi, choć o twarzy ogorzałej, był białym. Dziwną stanowili parę. Pierwszy mężczyzna niósł tomahawk, a drugi długą, myśliwską strzelbę. Tubylec był prawie nagi. Biały miał na sobie zieloną koszulę myśliwską. Zwracając się do siebie używali indiańskich imion, Chingachgook i Sokole Oko, i całą rozmowę prowadzili w języku Indian. Indianin opowiadał Sokolemu Oku historię swojego ludu.

– Pierwszymi białymi twarzami byli Holendrzy. W tamtych czasach my, Delawarowie, byliśmy szczęśliwym ludem. Jeziora dawały nam ryby, las

birds. We took wives, who gave us children. Then the Dutch came and gave my people firewater, and we drank until the heaven and earth seemed to meet. Then they gave away their land. My whole family departed to the next world, and when Uncas follows me to that land, there will be no more of us, for my son is the last of the Mohicans."

In the next instant a youthful warrior passed between them.

"Uncas is here!" he said.

"Do the Huron walk in these woods?" Chingachgook asked seriously.

"I have been following them. They number as many as the fingers on my two hands."

Suddenly the older Indian bent down and put his ear to the ground.

"I hear the sound of feet!" said Hawkeye.

"No. The horses of white men," said Chingachgook. "Hawkeye, they are your brothers; speak to them."

In a few moments a man on a horse rode into the area.

Hawkeye and the rider quickly spoke to each other.

"Who comes?" asked Hawkeye.

"An officer of the king. Do you know the distance to Fort William?"

"You must be lost. It is many miles. I suggest you go to Fort Edward."

"But that is where we started our journey this

zwierzęta, a powietrze ptaki. Mieliśmy żony, które rodziły nam dzieci. Potem przybyli Holendrzy i dali mojemu ludowi wodę ognistą. Piliśmy tak dużo, aż ziemia i niebo spotkały się. A potem oddaliśmy im ziemię. Cała moja rodzina odeszła do świata duchów. Kiedy Uncas podąży tam za mną, nie zostanie już nikt z nas. Mój syn Uncas jest ostatnim Mohikaninem.

W tej chwili zjawił się między nimi młody wojownik.

– Uncas jest tutaj! – powiedział.

– Czy w tych lasach są Huroni? – zapytał poważnym głosem Chingachgook.

– Śledziłem ich. Jest ich tylu, ile palców u moich obu rąk.

Nagle starszy Indianin schylił się i przyłożył ucho do ziemi.

– Słyszę odgłos stóp! – powiedział Sokole Oko.

– Nie. To biali na koniach – odrzekł Chingachgook. – Sokole Oko, to twoi bracia. Porozmawiaj z nimi.

Po chwili podjechał do nich mężczyzna na koniu. Sokole Oko i jeździec wymienili szybko kilka zdań.

– Kto jedzie? – spytał Sokole Oko.

– Oficer w służbie króla. Czy wiesz, jak daleko jest stąd do Fortu William?

– Musieliście zabłądzić. To wiele mil stąd. Myślę, że powinniście udać się do Fortu Edward.

– Ale to właśnie stamtąd wyruszyliśmy dziś

morning. We trusted our Indian guide to lead us the way."

"An Indian lost in the woods! It is very strange. Is this man a Delaware?"

"No, I think he is a Huron. But he has worked for me before and I trust him."

"A Huron! They are thieves. I would only trust a Mohican or a Delaware. We should try to take this Indian prisoner. Then I will take us to a safe place to sleep."

The other three riders then appeared with their

rano. Zaufaliśmy naszemu indiańskiemu przewodnikowi.

– Indianin, który zgubił się w lesie?! Bardzo dziwne. Czy jest Delawarem?

– Nie, wydaje mi się, że jest Huronem. Ale pracował już dla mnie. Ufam mu.

– Huron! To złodzieje. Ja ufam tylko Mohikaninowi albo Delawarowi. Powinniśmy go uwięzić. Potem zaprowadzę was na noc w bezpieczne miejsce.

Wtedy pojawiła się trójka jeźdźców wraz

Indian guide, Magua. The two Indian friends of Hawkeye disappeared without being seen.

"I see the ladies are tired. Let's rest a moment," said Duncan.

"The whitefaces are slaves to their women," said Magua in his own language.

"What does Magua say?" asked Duncan.

"He says it is good," said Magua.

"It will soon be night, Magua, and we are no closer Fort William than when we started. Luckily we have met a hunter who can lead us to a safe place to stay the night."

"Then I will go, and the whitefaces can be together."

"No, Magua, are we not friends? Stop and eat with us."

Magua went to sit down, but stopped when he heard quiet sounds from the forest near him.

"Magua doesn't eat," he told Duncan.

Duncan decided to get off his horse and offer Magua some of his food. He hoped to capture him as Hawkeye had advised. As he got close to the Indian, he tried to hold his arm. Magua, feeling the danger, ran into the forest. In the next instant Chingachgook and Uncas jumped out of their hiding places and chased after the Indian. Hawkeye fired his rifle, but missed, which was unusual for him.

z indiańskim przewodnikiem, Maguą. Obaj in- diańscy towarzysze Sokolego Oka zniknęli tak szybko, że przybysze ich nie zauważyli.

– Widzę, że damy są zmęczone. Odpocznijmy chwilę – powiedział Duncan.

– Blade twarze są niewolnikami swoich kobiet – wymruczał Magua w swoim języku.

– Co mówi Magua? – zapytał Duncan.

– On mówi, że dobrze – odpowiedział Magua.

– Wkrótce zapadnie noc, Maguo, a my nie jesteśmy bliżej fortu William niż na początku podróży. Na szczęście spotkaliśmy myśliwego, który zaprowadzi nas w bezpieczne miejsce, gdzie będziemy mogli spędzić noc.

– W takim razie, ja odchodzę, aby blade twarze mogły być razem.

– Nie, Maguo. Czyż nie jesteśmy przyjaciółmi? Zostań i zjedz z nami.

Magua zamierzał usiąść, gdy usłyszał dochodzące z lasu w pobliżu ciche odgłosy.

– Magua nie będzie jadł – powiedział Duncanowi.

Duncan postanowił zsiąść z konia i podać Huronowi jedzenie. Chciał go schwytać, tak jak radził mu Sokole Oko. Zbliżając się do Indianina, spróbował złapać go za ramię. Magua, czując niebezpieczeństwo, rzucił się do ucieczki w las. W tym samym momencie Chingachgook i Uncas wyskoczyli ze swych kryjówek i pobiegli za Indianinem. Sokole Oko wypalił ze strzelby, ale – co mu się na ogół nie przytrafiało – chybił.

II. HUNTED

Duncan followed the three men in the hunt for Magua, but he didn't get more than a hundred metres when he saw the three men returning.

"Why have you given up?" Duncan asked.

"It would be stupid. All he would have done is take us to the tomahawks of his comrades, then all of us would have been killed."

II. ŚCIGANY

Duncan podążył za trzema mężczyznami, którzy ruszyli w pościg za Maguą, ale nie uszedł nawet stu metrów, gdy zobaczył, że wracają.

– Dlaczego zaprzestaliście pościgu? – zapytał Duncan.

– Bo to byłoby głupie. Wystawiłby nas na tomahawki swoich towarzyszy, a potem zabiłby nas wszystkich.

"What is to be done? Don't leave us here for God's sake!" Duncan cried.

"I will take you to safety, but first you must promise two things."

"Name them."

"Firstly, you must be as quiet as mice in these sleeping woods. Secondly, you must never tell anyone of the place where you will be taken."

"I will do everything I can to keep this promise," said Duncan, thankful that he had a new guide.

"Then let us go. The first thing we must do is hide the horses, or the Indians will find us easily."

He then spoke in Indian to Chingachgook. "Hide the animals, and we will meet by the river."

Without speaking, the Indians led the horses away, and the others followed Hawkeye along one of the forest paths. After a while, they came to a valley with a wide and fast river running through it.

The whites and redskins met up again by this river, and it was the first chance the travellers had had to look properly at the Indians. It was obvious just by looking at them that they were proud, strong and trustworthy.

"I can sleep in peace," whispered Alice to Duncan, "with such fearless and generous looking men guarding us."

– Co mamy robić? Na litość boską, nie zostawiajcie nas tutaj! – wykrzyknął Duncan.

– Zabiorę was w bezpieczne miejsce, ale najpierw musicie mi obiecać dwie rzeczy.

– Jakie?

– Po pierwsze, w tych lasach musicie być cicho jak myszy. Po drugie, nie możecie nikomu powiedzieć o miejscu, do którego was zabiorę.

– Zrobię wszystko, aby dotrzymać obietnicy – odrzekł Duncan, wdzięczny losowi za nowego przewodnika.

– Więc ruszajmy. Najpierw musimy ukryć konie. W przeciwnym razie Indianie znajdą nas z łatwością.

Potem powiedział po indiańsku do Chingachgooka.

– Ukryjcie zwierzęta. Spotkamy się nad rzeką.

Indianie bez słowa odprowadzili konie. Reszta podążyła leśną ścieżką za Sokolim Okiem. Po pewnym czasie dotarli do doliny, przez którą płynęła szeroka i bystra rzeka. Tam znowu spotkali się z Indianami. Podróżni mieli pierwszą okazję, aby przyjrzeć się dokładnie Indianom. Nawet na pierwszy rzut oka Indianie wyglądali na dumnych, silnych i godnych zaufania.

– Mogę spać w spokoju – szepnęła Alice do Duncana – mając tak nieustraszonych i godnie wyglądających obrońców.

"They certainly look like good men, but it is easy to look friendly. Let us hope that that is what they are, unlike Magua."

"Now Duncan speaks as a white man," said Cora. "Who could look at such people and forget the colour of their skin?"

"You are right, Cora. I shouldn't make decisions about them because they are not Christians like us," Duncan replied.

They followed a path along the river and then they took canoes and went to a large group of rocks in the middle of the river, where Hawkeye

– Oni z pewnością wyglądają na dobrych ludzi, ale łatwo jest wyglądać przyjaźnie. Miejmy nadzieję, że są tacy naprawdę, a nie tacy jak Magua.

– Teraz Duncan mówi jak biały człowiek – powiedziała Kora. – Któż, patrząc na tych ludzi, może zapomnieć o kolorze ich skóry?

– Masz rację, Koro. Nie powinienem ich oceniać dlatego, że nie są jak my, chrześcijanami – odrzekł Duncan.

Poszli ścieżką wzdłuż rzeki. Potem wsiedli do canoe i popłynęli ku grupie skał, na środku rzeki. Tam właśnie Sokole Oko postanowił

planned to spend the night. Thick and heavy blankets covered the entrance of a cave from view. Examination showed that the place had another exit, hidden from view by a waterfall.

Hawkeye lit a fire, and the group ate wild deer. To improve their mood the group decided to start singing, led by David, who was quite musical. In the middle of one of the songs there was a cry from the forest. It sounded neither human nor like that of any animal.

"What was it?" whispered Alice.

Neither Hawkeye nor the Indians replied.

"Are our enemies trying to frighten us?" asked Cora.

"We are hidden in this cave. No light or sound can escape here," replied Hawkeye.

The same strong, horrid cry was heard again; and so some of the men decided to go outside.

"Do not leave us," said Alice.

"You will be safe here, and we will return as soon as possible," replied Duncan.

As they left, Cora asked Hawkeye,

"Are we in danger?"

"Only he who makes strange noises in the dark knows the answer."

They were standing outside when the noise was heard again, and it echoed through the valley.

"I think that sound belongs to no animal I've

spędzić noc. Ciężkie, grube koce ukrywały wejście do jaskini przed niepowołanymi oczami. Okazało się, że jaskinia ma drugie wyjście, niewidoczne dzięki przesłaniającemu je wodospadowi.

Sokole Oko rozpalił ogień i wszyscy posilili się mięsem jelenia. Aby poprawić sobie nastrój, podróżni zaczęli śpiewać. Pieśń zaintonował David, który był dosyć muzykalny. W trakcie następnej pieśni usłyszeli dochodzący z lasu dziwny krzyk, który nie brzmiał ani jak ludzki głos, ani jak odgłosy zwierzęcia.

– Co to było? – wyszeptała Alice.

Nikt nie odpowiedział.

– Czy nasi wrogowie chcą nas wystraszyć? – zapytała Kora.

– Jesteśmy ukryci w tej jaskini. Nie wydostaje się stąd ani światło, ani żaden odgłos – odpowiedział Sokole Oko.

Ponownie usłyszeli ten sam mocny, przerażający dźwięk. Mężczyźni zdecydowali się wyjść na zewnątrz.

– Nie zostawiajcie nas – prosiła Alice.

– Będziecie tu bezpieczne, zaraz wrócimy – zapewnił ją Duncan.

Po ich wyjściu Kora zapytała Sokole Oko:

– Czy jesteśmy w niebezpieczeństwie?

– Tylko ten, kto wydaje dziwne odgłosy w ciemności, zna odpowiedź.

Stali przed jaskinią, gdy ponownie usłyszeli odbijający się echem w dolinie krzyk.

– Tego dźwięku nie wydaje żadne znane mi

ever heard," said Hawkeye.

"I know it well," said Duncan. "It is the scream of a horse in great pain."

"So we have some visitors. They are either wolves or perhaps the Huron."

The men went back inside and told the others the new information. For some time everything was quiet, and some of the travellers were able to sleep.

It was still dark when Hawkeye woke up Duncan.

"We must leave."

"Alice! Cora! Wake up!" Duncan said to the sisters.

The younger of the sisters let out a cry, for no sooner had they woken up than the shouts of many voices were heard. It seemed as though the Hurons filled the woods. The Mohicans bravely shouted back at their enemies. The Hurons replied to this with rifles. Hawkeye took aim, and even in the bad light, he shot one of the Indians dead, and the rest of them moved back a little.

"Will they be back?" asked Duncan.

"They will be back, like hungry wolves," replied Hawkeye.

After a short time four Indians where seen swimming towards the cave. A fallen tree in the water gave them protection. A fifth swam to join them, but he was too slow for the fast moving water, and in seconds he was carried over the waterfall. For a second there was a terrible scream, and then silence, like a cemetery.

zwierzę – rzekł Sokole Oko.

– Ale ja znam go dobrze – odpowiedział Duncan. – To odgłos, jaki wydaje ranny koń.

– Więc mamy gości. To albo wilki, albo Huroni.

Mężczyźni weszli do jaskini i podzielili się wiadomościami z resztą grupy. Potem zaległa cisza. Podróżni zasnęli.

Było jeszcze ciemno, gdy Sokole Oko obudził Duncana.

– Musimy ruszać.

– Alice, Kora! Obudźcie się! – zwrócił się Duncan do sióstr.

Młodsza z sióstr wydała z siebie zduszony okrzyk, bo gdy tylko się obudzili, usłyszeli liczne dzikie wrzaski. Wydawało się, że Huroni wypełniają las. Mohikanie śmiało odkrzykiwali wrogom. Huroni odpowiedzieli strzelbami. Sokole Oko wycelował i nawet przy tak złym świetle trafił i zabił jednego z Indian. Reszta wycofała się.

– Czy oni wrócą? – zapytał Duncan.

– Wrócą, jak głodne wilki – odpowiedział Sokole Oko.

Po chwili zobaczyli czterech Indian, płynących w stronę jaskini. Osłaniało ich wyrwane drzewo. Piąty Indianin płynął, aby do nich dołączyć, ale był za wolny jak na tak rwący nurt i po kilku sekundach prąd zniósł go w stronę wodospadu. Usłyszeli przeraźliwy krzyk, a potem zaległa grobowa cisza.

Duncan, Hawkeye and Uncas waited for the attack. The first two had pistols. The Indians charged, and Hawkeye fired his deadly rifle again. The first of the attackers fell.

"Take the last man, Uncas, for we are certain to kill the other two," said Hawkeye.

Uncas ran to meet his enemy. The two whites both stood and fired their pistols, but each without success. Hawkeye took out a knife and then wrestled with his opponent for a minute, each holding the other's right-hand. The Indian was the weaker man, and Hawkeye stabbed his knife into the other man's heart before pushing him into the water.

Duncan's fight was not so easy. He had no knife, so could only try and defend himself. He and the Huron stood by the side of the river. A long drop into the waterfall and certain death waited for the loser. Duncan felt the other man's fingers around his throat and, for an awful moment, he thought he would die. The Indian smiled, but this turned into a look of surprise when Uncas deeply cut his arm. He was then thrown over the edge into the river, never to return.

"To cover!" shouted Hawkeye, "for our work is only half finished."

The men hid behind the rocks outside the cave while the Hurons fired bullet after bullet at them.

Duncan, Sokole Oko i Uncas czekali na atak. Pierwsi dwaj mieli pistolety. Indianie ruszyli. Sokole Oko ponownie wystrzelił ze swojej śmiercionośnej strzelby. Padli pierwsi atakujący.

– Uncas, zajmij się tym ostatnim, my zabijemy dwóch pozostałych – powiedział Sokole Oko.

Uncas ruszył na nieprzyjaciela. Obaj biali powstali i wypalili z pistoletów. Niestety, obaj chybili. Sokole Oko wyjął nóż i przez chwilę zmagał się z nacierającym przeciwnikiem. Niczym zapaśnicy trzymali się za prawe ręce. Indianin okazał się słabszy. Sokole Oko dźgnął go w serce i zepchnął do rzeki.

Walka Duncana nie była taka łatwa. Nie miał noża, więc mógł tylko się bronić. Stał walcząc z Huronem nad brzegiem rzeki. Na pokonanego czekał upadek w przepaść wodospadu i pewna śmierć. Duncan poczuł palce Indianina na swoim gardle i przez chwilę, straszną chwilę, pomyślał, że umrze. Na twarzy Indianina pojawił się uśmiech, szybko jednak odmalowało się na niej zdumienie, gdy Uncas głęboko ranił go w ramię. Potem Indianin został strącony do rzeki, by już nigdy nie powrócić.

– Kryć się! – wykrzyknął Sokole Oko. – To dopiero połowa roboty.

Mężczyźni ukryli się za skałami przed jaskinią, podczas gdy Huroni wystrzeliwali w ich kierunku kulę za kulą.

"I imagine the Indians will become tired of this before the rocks cry out for mercy," said Hawkeye.

At that moment a shot hit the rocks very close to Duncan's head.

"That shot was closer than any of the others," he said, turning to Hawkeye. He was surprised to see the soldiers rifle aimed up at the sky. Looking up at where it pointed, he saw an Indian at the top of a tree. Hawkeye took one shot, and the Indian fell to his death.

"That was the last of my gunpowder. Uncas, go to the canoe and get some more!" Hawkeye ordered.

Uncas moved quickly down the rocks to the river, but when he got there he gave a loud shout of panic. Duncan knew immediately that something was wrong and looked down at the river. The canoe was moving slowly down the river away from the rocks.

"All is lost," said Hawkeye.

– Nie wydaje mi się, żeby szybko przestali – stwierdził Sokole Oko.

W tym momencie, kula uderzyła w skałę, bardzo blisko głowy Duncana.

– Ten strzał padł bliżej niż wszystkie inne – odpowiedział Duncan, odwracając się do Sokolego Oka. Ze zdziwieniem ujrzał strzelbę wymierzoną w niebo. Podążając za nią wzrokiem, zauważył przyczajonego na drzewie Indianina. Sokole Oko wystrzelił i martwy Indianin runął na ziemię.

– Skończył mi się proch. Uncas, idź do canoe i przynieś więcej! – rozkazał Sokole Oko.

Uncas szybko przeszedł skałami nad rzekę. Gdy tam dotarł, z piersi wydarł mu się przeraźliwy krzyk. Duncan od razu pomyślał, że stało się coś złego. Spojrzał na rzekę. Canoe odpływało wolno w dół rzeki, oddalając się coraz bardziej od skał.

– Wszystko stracone – powiedział Sokole Oko.

III. HELLOS
AND GOODBYES

Duncan looked at Hawkeye in surprise. "Surely our situation is not so bad," he said.

"You are young, rich and have friends. At such an age it is hard to die," Hawkeye said. Then he turned to Chingachgook. "We have fought our last battle together."

"Let the Huron women cry over their dead men," replied the Mohican.

III. POWITANIA
I POŻEGNANIA

Z dziwiony Duncan przyjrzał się Sokolemu Oku.
– Z pewnością nasza sytuacja nie jest aż
tak zła – powiedział.

– Ty jesteś młody, bogaty i masz przyjaciół. W tak
młodym wieku trudno umierać – odrzekł Sokole
Oko i odwrócił się do Chingachgooka.

– Stoczyliśmy nasza ostatnią bitwę.

– Niech kobiety Huronów zapłaczą nad swoimi
zabitymi mężczyznami – odpowiedział Mohikanin.

"Their dead are with the slimy fish," said Uncas. "They fall from the trees like fruit."

"I can die without a bitter heart," replied Hawkeye.

"Why die at all?" asked Cora. "Run to the woods or swim in the river, my brave men. You may leave us to our unhappy fortunes."

"And what would I say to Munro when I saw him?" asked Hawkeye.

"Tell him that the Huron have his daughters, but that we may still be rescued."

Hawkeye thought for a moment and then replied, "There is wisdom in your words. We can escape where the waterfall is."

With that they walked through the cave and to the other opening. The two older men were first to jump into the water. When it came to Uncas, he said simply, "Uncas stay here."

"Go, generous young man," replied Cora, "and you can live to rescue us later."

And so Uncas left the four of them alone in the cave. Duncan stayed on in the hope that he might help the others if they were captured.

They waited nervously in the cave, their room hidden by blankets over the small entrance. For a time it seemed the Indians might not find them, but then one of the blankets was lifted, and a figure entered the room. From the look on his face it was obvious that

– Ich zmarli są z oślizłymi rybami – rzekł Uncas. – Spadają z drzew jak owoce.

– Umrę z czystym sercem – odrzekł Sokole Oko.

– Dlaczego macie w ogóle umierać? – zapytała Kora. – Biegnijcie do lasu, popłyńcie rzeką, dzielni panowie. Zostawcie nas nieszczęsnemu losowi.

– A co powiem generałowi Munro, kiedy go zobaczę? – zapytał Sokole Oko.

– Powiesz mu, że Huroni pojmali jego córki, ale że można nas uratować.

Sokole Oko zamyślił się na chwilę, a potem odpowiedział:

– W twoich słowach jest mądrość. Możemy uciec przez wodospad.

Po czym przeszli przez jaskinię w stronę drugiego wyjścia. Dwaj starsi mężczyźni pierwsi skoczyli do wody. Kiedy nadeszła kolej Uncasa, ten po prostu stwierdził:

– Uncas zostaje tutaj.

– Idź, dzielny młodzieńcze – odparła Kora – przeżyj, aby nas później uratować.

Uncas zostawił więc tych czworo ludzi w jaskini. Duncan został, żywiąc nadzieję, że będzie mógł pomóc towarzyszom, jeśli zostaną złapani.

Czekali w jaskini pełni niepokoju. Wejście do pomieszczenia, gdzie się ukrywali zakrywała mała derka. Przez jakiś czas wydawało się, że Indianie ich nie znajdą, lecz nagle derka uniosła się i jakaś postać weszła do środka. Po wyrazie twarzy Indianina

he couldn't yet see in the dark. Duncan recognised the face of Magua and raised one of his
pistols to kill his enemy. The Huron's face chan-
ged into a smile as he realised what he had found.
He ran away just in time to avoid Duncan's shot.
The noise echoed through the cave. Moments later
Indians filled the room, and they were all captured.
The Indians were, however, deeply disappointed
not to find Hawkeye.

"Where is he?" asked Magua. "Is he a bird that
can fly away? Or a fish that can swim without air?"

"He isn't a fish, but he can swim," replied Cora.

"And why did the white chief stay? Is he like a sto-
ne that goes to the bottom?"

"The white man thinks only cowards leave their
women," replied Duncan.

The prisoners were led from the cave, and the
Indians divided into two groups. Most left and disappeared into the forest together, but five savages
stayed with the prisoners; their leader was Magua.

When they began their journey back to the home
of the Huron to the north, it was still early in the
morning. During the journey, Cora tried to leave a
sign of their path by leaving a glove behind, but an
Indian saw this and picked it up. After that, all the
prisoners were closely watched.

In the afternoon the group stopped at the top of
a hill to eat a meal. The Indians had killed a small
deer, but they ate it raw instead of cooking it.

zorientowali się, że nic nie widział w ciemności. Duncan rozpoznał Maguę. Podniósł jeden z pistoletów, aby zabić wroga. Twarz Hurona wykrzywił uśmiech, gdy zorientował się, kogo znalazł. Wybiegł i uniknął strzału Duncana. Strzał odbił się echem w całej jaskini. Chwilę później Indianie wpadli do środka i pojmali wszystkich. Jednakże byli głęboko rozczarowani faktem, że wśród jeńców nie było Sokolego Oka.

– Gdzie on jest? – zapytał Magua. – Czy odfrunął jak ptak? A może odpłynął jak ryba?

– On nie jest rybą, ale umie pływać – odparła Kora.

– A dlaczego biały wódz został? Czy jest kamieniem, który idzie na dno?

– Biały człowiek myśli, że tylko tchórze zostawiają swoje kobiety – odpowiedział Duncan.

Więźniów wyprowadzono z jaskini. Indianie podzielili się na dwie grupy. Większa grupa zniknęła w lesie, ale pięciu dzikich pod dowództwem Maguy zostało z więźniami. Kiedy wyruszyli w powrotną podróż na północ, na ziemie Huronów, ciągle był jeszcze poranek. Podczas podróży Kora chciała zostawić ślad i upuściła rękawiczkę, ale jeden z Indian to zobaczył i ją podniósł. Po tym wydarzeniu więźniowie byli bacznie obserwowani. Po południu grupa zatrzymała się na szczycie wzgórza i zjadła posiłek. Indianie zabili małego jelenia; zjedli go na surowo, bez gotowania.

Magua sat away from the others, and so Duncan went to speak with him, but Magua wasn't interested in speaking to him.

"Go to the dark-haired daughter and tell her that Magua wishes to speak to her."

Duncan went to Cora and told her to offer gold, gunpowder and furs for their freedom. Then she went to speak to the chief.

"What does Magua want from the daughter of Munro?"

"Magua was born a free chief in the tribe of

Magua siedział z dala od reszty Indian. Duncan podszedł do niego, aby porozmawiać, ale Magua nie był zainteresowany rozmową.

– Idź do ciemnowłosej córki i powiedz jej, że Magua chce z nią mówić.

Duncan wrócił do Kory i podpowiedział jej, aby zaoferowała złoto, proch i futra za ich uwolnienie. Po czym Kora poszła porozmawiać z wodzem.

– Czego chce Magua od córki Munro?

– Magua urodził się wolnym wodzem w plemieniu

the Hurons. He saw his first twenty summers
and was happy. But then the white men came,
and they taught Magua to drink the firewater.
Then one night, when he had drunk the firewater, he went walking in the camp of the white
men and walked into the wrong place. He was
punished." He took off the fur that covered his
chest. "Look at these," he said pointing to many
scars. "These are the scars given by the bullets
and knifes of my enemies. These a warrior can
be proud of." Then he turned to show his back.
It was covered in the scars of a whip. "But the
scars given by your father, Magua must hide
like a woman, under clothes."

"And what do you want with us?" asked Cora

"Revenge. If I have the white man's daughters, I have his heart," said Magua.

"Why not become rich by returning my gentle
sister and take your revenge only on me," replied Cora.

"Magua will let the young one go, if the dark-
-haired one will agree to live in his wigwam."

"And what pleasure would Magua get from a
wife that didn't love him?" asked Cora.

"He would know that Munro was forever
unhappy," Magua told her.

"Monster!"

She left him and returned to the others,
but she stayed quiet about the offer.

Huronów. Widział pierwszych dwadzieścia pór let-
nich i był szczęśliwy. Ale potem przyszli biali ludzie
i nauczyli Maguę pić wodę ognistą. Pewnej nocy, gdy
Magua wypił dużo wody ognistej, poszedł do obozu
białego człowieka. Poszedł tam gdzie nie powinien.
Został ukarany.

Magua zdjął futro z piersi.

– Popatrz na to – powiedział wskazując na liczne
blizny. – To są blizny po kulach i nożach moich wrogów. To jest duma wojownika.

Potem odwrócił się i pokazał Korze plecy, pokryte
bliznami po uderzeniach batem.

– Te blizny zrobił twój ojciec. Magua niczym kobieta musi je teraz ukrywać pod ubraniem.

– Ale czego chcesz od nas? – zapytała Kora.

– Zemsty. Jeśli mam córki białego człowieka, mam
jego serce – odrzekł Magua.

– Staniesz się bogaty, gdy zwrócisz moją młodszą
siostrę. Zemścisz się, mając mnie – odrzekła Kora.

– Magua pozwoli odejść młodszej siostrze, jeśli ciemnowłosa zgodzi się zamieszkać w jego
wigwamie.

– A jaką przyjemność będzie miał Magua z żony,
która go nie kocha? – spytała Kora.

– Będzie wiedział, że Munro będzie na zawsze nieszczęśliwy – odpowiedział jej Magua.

– Potwór!

Zostawiła go i wróciła do pozostałych więźniów,
ale nic nie powiedziała o propozycji Indianina.

After the meal, Magua came to her and said, "Is your head too good for the pillows of my wigwam, or would she prefer it to be the toy of wolves?"

"What does he mean?" asked Duncan.

"He wants me for his wife," said Cora.

"It is better to die than buy life at such a price," replied Duncan seriously.

The prisoners were then each tied to a tree, and the Indians prepared to burn them to death. At this Alice began to cry.

"Look at the young one. She is too young to die. Send her to Munro," said Magua.

"Never. It is better we die together," replied Cora.

"Then die!" said the chief.

But Magua was too impatient to wait, and he threw his tomahawk at Alice. It struck the wood above her head. Another Indian rushed to her and lifted his tomahawk over her head. Just as he was about to strike, a shot was heard, and he fell to the ground. Suddenly, three figures were seen running towards the scene. The Hurons gave a shout and then prepared for battle.

Uncas was the first to the scene and immediately struck his tomahawk into the brain of an enemy. Chingachgook searched for Magua, and the two wrestled on the ground, each unable to kill his enemy.

Po posiłku Magua podszedł do niej i zapytał:

– Czy twoja głowa jest za dobra dla poduszki w moim wigwamie, a może wolisz, żeby była zabawką dla wilków?

– O co mu chodzi? – zapytał Duncan.

– Chce, żebym została jego żoną – odparła Kora.

– Lepiej umrzeć, niż kupować życie za taką cenę – odrzekł poważnie Duncan.

Potem każdego z więźniów przywiązano do drzewa. Indianie zaczęli przygotowywać się do spalenia ich żywcem. Wtedy Alice zaczęła płakać.

– Popatrzcie na młodszą siostrę. Jest za młoda, żeby umierać. Odeślijcie ją do Munro – zaproponował Magua.

– Nigdy. Lepiej umrzeć razem – odparła Kora.

– Więc umierajcie – rozkazał wódz.

Ale Magua był zbyt niecierpliwy by czekać. Rzucił w Alice tomahawkiem, który uderzył w drzewo nad jej głową. Inny Indianin podbiegł do dziewczyny i gdy wznosił nad nią swój tomahawk, dał się słyszeć strzał i Indianin padł martwy na ziemię. Nagle pojawiły się trzy biegnące postacie. Huroni podnieśli krzyk i przygotowali się do walki.

Pierwszy na miejscu był Uncas. Natychmiast uderzył tomahawkiem w głowę wroga. Chingachgook szukał Maguy. Niczym zapaśnicy, walczyli na ziemi, ale żaden z nich nie mógł pokonać wroga.

The other two Indians were killed by Hawkeye and Uncas, and after they had finished,
they went to help Chingachgook. When Magua
realised he must fight three enemies, he stopped moving. Chingachgook jumped off him and
gave a victory cry, but no sooner had he done
this than Magua rolled over and jumped down
from the top of the hill. He landed on his feet
and ran off into the forest.

Despite this, the group were happy to be back
together. However, there was little time for ce-
lebrations, because they still had to get to the
safety of Fort William.

Early the next morning, before daylight, they
saw the fort from the top of a nearby hill. To
their horror, the fort was surrounded by ten
thousand of Montcalm's soldiers. The French
general had arrived with his huge army and
now getting into the fort would be almost
impossible.

Sokole Oko i Uncas zabili dwóch innych Indian i ruszyli na pomoc Chingachgookowi. Kiedy Magua uświadomił sobie, że musi walczyć z trzema wrogami, zamarł w bezruchu. Chingachgook zeskoczył z niego i wydał okrzyk zwycięstwa. Wtedy właśnie Magua poderwał się na nogi, skoczył ze wzgórza i pobiegł w las.

I chociaż Magua zdołał uciec, wszyscy byli szczęśliwi, że znów mogą być razem. Niestety, nie mieli czasu na świętowanie, ponieważ musieli jeszcze bezpiecznie dostać się do Fortu William.

Następnego ranka, przed świtem, ujrzeli fort ze szczytu pobliskiego wzgórza. Ku swemu przerażeniu zobaczyli, że fort otacza dziesięć tysięcy żołnierzy Montcalma. Francuski generał przybył z wielką armią. Dostanie się do fortu było prawie niemożliwe.

IV. A SORRY AGREEMENT

The group stood on top of the hill, looking down at the French camp.

"We are a few hours too late. It will soon be daylight," said Hawkeye.

"Is there no way we can get to the fort?" asked Duncan.

IV. KAPITULACJA

Podróżni stali na szczycie wzgórza i spoglądali w dół na francuski obóz.

– Spóźniliśmy się kilka godzin. Wkrótce będzie dniało – stwierdził Sokole Oko.

– Czy nie ma żadnego sposobu, aby dostać się do fortu? – spytał Duncan.

"We have one chance. A fog is coming down fast, and it is possible we may go through the camp unseen."

They quickly went down the hill and followed a path which led through the French camp. The fog was incredibly thick, and it was difficult to see further than a few metres. However, Hawkeye knew the path well and was able to get them close before they were discovered. A cry went up from a French soldier, and the group began to run, the sound of guns coming from behind them.

As they got closer to the camp, the two women heard a familiar voice.

"Wait until you see the enemy! Fire low!"

"It's Alice! Save your daughters!" cried Alice to her father.

"Don't fire! God has given me back my children!" shouted Munro, the British general.

Munro rushed to meet his daughters and hugged both of them. "Thank the Lord!" he said. Then all of them ran inside to escape the French.

A few days of safety passed, and the travellers rested. The conditions weren't good for the British soldiers, and they waited for an army to come from Fort Edward to save them. Hawkeye had been sent out to find information about these soldiers, but sadly, when he was returning, he was caught by the French. They took the letter he was carrying, which came from the commander of Fort Edward. Montcalm sent a message that he

– Mamy jedną szansę. Nadchodzi mgła, możliwe, że zdołamy się przedrzeć niezauważeni.

Szybko zeszli ze wzgórza i podążyli ścieżką prowadzącą przez obóz Francuzów. Mgła była niewiarygodnie gęsta, trudno było dojrzeć cokolwiek nawet na odległość kilku metrów. Ale Sokole Oko dobrze znał drogę. Doprowadził ich prawie pod sam fort, zanim zostali odkryci. Gdy francuski żołnierz podniósł krzyk, grupa zaczęła biec, zostawiając za sobą odgłos strzelb.

W momencie gdy podbiegli do fortu, siostry usłyszały znajomy głos.

– Czekać, aż zobaczycie wroga! Mierzyć nisko!

– To ja, Alice! Oszczędź swoje córki! – Alice krzyknęła do ojca.

– Nie strzelać! Bóg zwrócił mi moje dzieci! – zawołał brytyjski generał Munro.

Munro wybiegł na spotkanie córek. Przytulił obie do piersi.

– Dzięki Bogu! – powiedział. Po czym wszyscy wbiegli do fortu, aby uciec Francuzom.

Minęło kilka bezpiecznych dni. Podróżni odpoczywali. Sytuacja żołnierzy brytyjskich nie była dobra. Czekali na nadejście posiłków z Fortu Edward. Sokole Oko został wysłany, aby zdobyć informacje o nadciągających żołnierzach. Niestety, w drodze powrotnej złapali go Francuzi. Odebrali mu list od dowódcy Fortu Edward. Montcalm wysłał wiadomość do

wished to speak to Munro personally to talk about
the British giving up. Without the letter, Munro
had no idea when help would arrive. But instead
of risking his own life, he sent Duncan to speak to
the French general.

When they met inside the French camp, Montcalm was very polite to Duncan.

"Your commander is a brave man, but I think
you have all been brave enough. Now is the time
to give up."

"Do we seem to be so weak to you? We are protected by the fort, and an army of six thousand
is only a day or two away from here," replied
Duncan.

"I do not think they will be coming to help you.
Tell Munro that if he wants to receive this letter,
he must come and speak to me."

With that, Duncan returned to the fort to speak
with his commander. Duncan told him what the
Frenchman had said, and Munro decided that
he would go and speak to Montcalm. So he took
Duncan and a few soldiers and went out to the
French camp. When he and Montcalm met, they
were silent for a few moments, then the Frenchman spoke.

"Sir, I believe you have done all you can to defend this place. You have earned much honour in
your resistance. It takes as much bravery to recognise when you have lost as it does to fight a

generała Munro. Proponował spotkanie i osobiste omówienie warunków kapitulacji Brytyjczyków. Nie mając listu z Fortu Edward, Munro nie miał pojęcia, kiedy przybędzie pomoc. Nie chcąc ryzykować własnego życia, wysłał Duncana, aby prowadził rozmowy z francuskim generałem.

Kiedy spotkali się we francuskim obozie, Montcalm był bardzo uprzejmy wobec Duncana.

– Pański dowódca jest bardzo odważnym człowiekiem. Myślę, że wszyscy jesteście bardzo odważni, ale teraz przyszedł czas, aby się poddać.

– Czy myśli pan, że jesteśmy aż tak słabi? Chroni nas fort, a o dzień lub dwa stąd znajduje się sześciotysięczna armia – odrzekł Duncan.

– Nie sądzę, by mieli przyjść z pomocą. Proszę powiedzieć generałowi Munro, że jeżeli chce otrzymać list, to musi przyjść tu i porozmawiać ze mną.

Taką oto wiadomość miał przekazać dowódcy po powrocie do fortu. Duncan powtórzył słowa Francuza i generał Munro zdecydował się pójść porozmawiać z Montcalmem. Wziął ze sobą Duncana i kilku innych żołnierzy. Razem poszli do obozu Francuzów. Kiedy obaj generałowie spotkali się, przez chwilę zaległa cisza, a potem odezwał się Francuz.

– Sir, wierzę, że zrobił pan wszystko, co w pana mocy, aby obronić fort. Pański opór przysporzył panu wielkiej sławy. Do zaakceptowania przegranej potrzeba tyle samo odwagi, co do prowadzenia

battle. I think now is the time for you to give up your fort."

"Do you know when the army from Fort Edward will arrive?" Munro asked the Frenchman.

"The movements from that army will not be embarrassing to me," he replied.

Then the letter was given to Munro, and he quickly read it. His face turned from a look of confidence to a look of shock as he read the letter. When he finished it, it fell from his hands on to the floor. Duncan picked the letter up and read it. It was from Fort Edward and said that the general should give up because the French army was too big.

"The commander of Fort Edward has betrayed me," said Munro quietly.

"Before you make any decisions, hear my conditions," said Montcalm calmly.

"I will hear you," Munro replied.

"It is impossible for you to keep the fort, but I will let you keep your weapons and your honour. You may walk from the fort as free men."

"I have lived to see many things, but I never thought I would live to see an Englishman betray his friend, or a Frenchman too honest to take advantage of his situation. I will make plans immediately for us to leave."

And so Munro returned to his fort, and those who

bitwy. Myślę, że już najwyższy czas, aby poddał pan fort.

– Czy wie pan, kiedy nadciągnie armia z Fortu Edward? – Munro zapytał Francuza.

– Ruchy tej armii nie sprawią mi kłopotu – odpowiedział Montcalm.

Potem wręczył list generałowi Munro, który go szybko przeczytał. W trakcie lektury na twarzy Munro, w miejsce pewności siebie, pojawiło się zdumienie. Generał skończył czytać i list wypadł mu z ręki. Wtedy podniósł go Duncan i także przeczytał. W liście dowódca Fortu Edward radził, aby Brytyjczycy poddali się z uwagi na przeważające siły armii francuskiej.

– Dowódca Fortu Edward zdradził mnie – powiedział cicho Munro.

– Zanim podejmie pan jakiekolwiek decyzje, proszę wysłuchać moich warunków – odparł spokojnie Montcalm.

– Wysłucham pana – odpowiedział Munro.

– Nie może pan utrzymać fortu, ale pozwolę wam zatrzymać broń i honor. Możecie opuścić fort jako wolni ludzie.

– W życiu widziałem wiele różnych rzeczy, ale nigdy nie myślałem, że dożyję chwili, gdy Anglik zdradzi przyjaciela, a Francuz będzie zbyt uczciwy, żeby wykorzystać swoją przewagę. Natychmiast podejmę plany dotyczące naszego wymarszu.

Generał Munro wrócił do fortu i nakazał

were living there prepared to leave. That night in the French camp, not everyone was celebrating. Magua wanted revenge, and so he went to speak to Montcalm.

"None of Magua's warriors have killed. What can he do?" the chief asked.

"We have made peace with the British, and you are not to attack them. They are friends now. Teach your tribe what peace is," he was told by the French general.

The Indian left, but he was unhappy that there would be no fighting for him and his men.

The next day the British left their fort. The soldiers went first, then came the horses and carriages, carrying wounded soldiers, food, drink and equipment. Other wounded men walked slowly and painfully behind these carriages. The French soldiers and officers respectfully watched them as they passed. There was also a group of Hurons who watched the people like vultures.

The final group to leave the fort were the women and children, many of them scared and crying. As they passed the Indians, Cora noticed Magua moving quickly among the Indians and speaking to all of them.

One of the Hurons saw a bright piece of clothing he liked, and so he ran up to the owner and stole it. Then another went to the group of women and children. He had seen a scarf he wanted, but it was

mieszkańcom przygotować się do wymarszu. Ale w obozie francuskim nie wszyscy świętowali zwycięstwo. Magua pragnął zemsty i w tym celu udał się na rozmowę z Montcalmem.

– Żaden z wojowników Maguy nie zabił wroga. Co mamy robić? – zapytał wódz.

– Zawarliśmy pokój z Brytyjczykami, nie możecie ich zaatakować. Już nie są wrogami. Naucz swoje plemię, co oznacza pokój – usłyszał w odpowiedzi.

Indianin wyszedł, ale nie był zadowolony z tego, że nie będzie okazji do walki dla niego i jego ludzi.

Następnego dnia Brytyjczycy opuszczali fort. Najpierw wyszli żołnierze, potem konie i wozy z rannymi żołnierzami, jedzeniem, piciem i resztą wyposażenia. Za wozami wolno, w bólach, posuwali się pozostali ranni. Francuscy żołnierze i oficerowie z szacunkiem patrzyli na przechodzących. Grupa Huronów niczym sępy przyglądała się maszerującym.

Ostatnią grupą opuszczającą fort były kobiety i dzieci. Wiele z nich płakało ze strachu. Mijając Indian, Kora zauważyła Maguę poruszającego się szybko i mówiącego coś do swoich ludzi.

Jednemu z Huronów spodobało się barwne ubranie jednego z idących, więc podbiegł do właściciela i zabrał mu je. Jeszcze jeden podszedł do grupy kobiet i dzieci. Spodobał mu się

being used to cover a little baby. The woman scre-
amed in terror when the Indian came close to her,
and she wouldn't give him what he wanted. The
sly Indian grabbed the baby from her and then,
holding it above his head by it's legs, showed that
he wanted to exchange it for the scarf.

"Take everything, but give me my baby!" she cried.
Indians surrounded her, stealing everything they
could. Before the exchange between them could be
completed, another Indian had taken the scarf.

The Indian's smile turned to a look of anger.
He smashed the head of the child against some
rocks and then threw it to the feet of it's mother.
For an instant the mother stood like a statue of
lost hope, looking down at her dead child. She
then looked up to the skies. The Huron, madde-
ned by disappointment, but excited by the sight
of blood, struck his tomahawk into her head, en-
ding her misery.

At that moment Magua let out a cry, and from
the surrounding forest came hundreds of Indians
who threw themselves into battle. Death was everywhere, and blood flowed like a river. Some of
the Indians even drank the blood from the gro-
und. It was a massacre. The British soldiers who
were strong enough collected into small groups,
and the Indians left them alone. But the sick, wounded, women and children were all attacked by
the bloodthirsty savages.

szal, który zobaczył, ale w szal zawinięte było małe dziecko. Matka krzyknęła przerażona, gdy Indianin zbliżył się do niej, i nie chciała mu oddać szala. Przebiegły Indianin wyrwał jej dziecko, trzymając je za nóżki nad swoją głową, pokazał, że chce je wymienić na szal.

– Weź wszystko, ale oddaj mi moje dziecko! – załkała kobieta. Otoczyli ją Indianie, kradnąc wszystko, co się da. Zanim wymiana dobiegła końca, inny Indianin zabrał szal.

Twarz Indianina trzymającego dziecko wy-krzywiła się z wściekłości. Rozbił główkę dziec-ka o skały i rzucił ciałko pod nogi matce. Przez chwilę matka stała skamieniała niczym po-sąg utraconej nadziei i spoglądała na martwe dziecko. Po czym spojrzała w niebo. Wściekły z rozczarowania, a jednocześnie podniecony widokiem krwi, Huron uderzył ją tomahawkiem w głowę i zakończył jej męki.

W tym samym momencie Magua wydał okrzyk. Z lasu wypadły setki Indian i rzuciły się do wal-ki. Śmierć była wszędzie, krew płynęła niczym rzeka. Kilku Indian piło krew z ziemi. To była masakra. Żołnierze brytyjscy, ci którzy zacho-wali siły, zebrali się w małe grupki. Indianie zo-stawili ich w spokoju. Ale chorzy, ranni, kobiety i dzieci, wszyscy zostali zaatakowani przez spra-gnionych krwi dzikusów.

V. MANY SURPRISES

Many of the Hurons rushed up to Cora and Alice, but they found the older sister's fearlessness strange and didn't attack either of them. David was with them and he thought he was sure to die; so as a pilgrim, he decided to sing to God and he sang a song of death, holding his Bible in front of him. His behaviour saved his life as the Indians were interested in this strange man, singing in the middle of the battle, and so they didn't kill him. Magua searched among the crowd for the sisters, and when he found them, he smiled with pleasure.

V. NIESPODZIANKI

Grupa Huronów ruszyła w stronę Kory i Alice. Ale zdziwieni odwagą starszej siostry odstąpili od ataku. Był z nimi David, przekonany, że zaraz umrze. Jako pielgrzym, zdecydował się zaśpiewać Bogu. Trzymając przed sobą Biblię, zaintonował pieśń o śmierci. Takim zachowaniem ocalił swe życie. Indianie zainteresowali się dziwnym człowiekiem śpiewającym w środku bitwy i oszczędzili go. Magua poszukiwał w tłumie sióstr, a gdy je znalazł, uśmiechnął się z radości.

"Come, the wigwam of the Hurons waits for you. Is it not better than this place?"

Magua, with a small group of his men, took the sisters into the forest. David, standing alone in the middle of the battle, decided that he would follow them.

A day after the massacre, five men searched among the dead. A few hungry crows were also there, enjoying their horrible meal. The men – two of whom were red skinned, the others white – were looking for any sign of the two sisters. Not surprisingly, the sharp-eyed Uncas was the first to discover what had happened. A path led towards the Huron camps in the north.

"We will light our fire here tonight, and in the morning we will be fresh and ready to work like men," Hawkeye decided.

They followed for many days, across forests, lakes and mountains. On the fifth day they discovered a beaver lodge. Close to this, they saw an Indian figure quietly walking through the forest.

"What shall we do with him?" asked Duncan.

"He is not a Huron. But from the clothes he is wearing, he has stolen from a white man. Can you see if he has a rifle?" said Hawkeye.

"I think he is unarmed," replied Duncan.

Hawkeye slowly walked towards him, and then, when he stood behind the Indian, he tapped him on the shoulder. "How are you, my friend? Are you going to teach the beavers to sing?"

– Chodźcie, wigwamy Huronów czekają na was. Czyż nie są lepsze od tego miejsca?

Magua, wraz z małą grupą swoich ludzi zabrał siostry do lasu. Stojący samotnie w środku pola bitwy David zdecydował się pójść za nimi.

Następnego dnia po masakrze pięciu mężczyzn przeszukiwało pobojowisko. Kilka głodnych wron obsiadło ciała zabitych. Mężczyźni – dwóch czerwonoskórych i dwóch białych – poszukiwali jakichkolwiek śladów sióstr. Bystrooki Uncas jako pierwszy odkrył, co się stało. Ścieżka prowadziła na północ do obozu Huronów.

– Rozpalimy tu ognisko i zostaniemy na noc. Rano obudzimy się wypoczęci, silni i gotowi do dalszej drogi – zadecydował Sokole Oko.

Przez wiele dni szli śladem przez lasy, jeziora i góry. Piątego dnia odkryli żeremie bobrowe, w pobliżu którego zauważyli Indianina skradającego się przez las.

– Co z nim zrobimy? – zapytał Duncan.

– To nie Huron, ale po ubraniu widać, że ukradł je białemu człowiekowi. Widzisz, czy ma strzelbę? – powiedział Sokole Oko.

– Wydaje mi się, że jest nieuzbrojony – odparł Duncan.

Sokole Oko podkradł się w stronę Indianina. Stanął za nim i lekko dotknął jego ramienia.

– Jak się masz, przyjacielu? Chcesz nauczyć bobry śpiewać?

And so they had found David, who was now
dressed as an Indian with feathers in his hair.
He had been following the Indians for days, and
although they knew what he was doing, they accepted him because of his strange habits. He was
able to tell the group that the sisters were safe,
but they were prisoners in different villages. Alice was being kept with Magua, while Cora was
with a Delaware tribe, old friends of the two Mohicans. After David had told them all the news,
Hawkeye told him that he should return to the
Hurons and tell Alice of their arrival.

"I will go with you," said Duncan to David.

"Are you tired of life?" Hawkeye asked
Duncan.

"I can also act like a madman. I will do anything to rescue Alice and Cora". And so Duncan was disguised as a French clown and followed David to the Hurons. Their camp had
about fifty badly made wooden huts, and the
children playing outside gave a shout when they
saw the white men appear, even though they
had seen David before. Several brutal looking
warriors appeared, but they accepted the clown
as a friend of the mysterious singer.

That evening Duncan smoked with the Indians
and was able to speak French with them. Later,
a man came into the hut, and Duncan was shoc-
ked to see his enemy Magua, but his clown disguise

W ten sposób odnaleźli Davida, ubranego jak Indianin, z piórami we włosach. David opowiedział im, co się stało. Szedł za Indianami przez kilka dni. I chociaż Indianie wiedzieli co robi, tolerowali go za to przedziwne zachowanie. Oznajmił im, że siostry są bezpieczne, ale uwięzione w różnych wioskach. Alice była przetrzymywana przez Maguę, a Kora była z plemieniem Delawarów. Delawarowie zawsze byli sojusznikami Mohikan. Po wysłuchaniu tych wieści Sokole Oko polecił Davidowi wrócić do Huronów i powiadomić Alice o ich przybyciu.

– Pójdę z tobą – powiedział Duncan do Davida.

– Życie ci zbrzydło? – zapytał Sokole Oko.

– Ja także mogę zachowywać się jak obłąkany; zrobię wszystko, aby uratować Alice i Korę.

Duncan przebrał się wiec za francuskiego kuglarza i poszedł z Davidem do Huronów. Obóz Huronów składał się z około pięćdziesięciu ubogich chat. Dzieci bawiące się na zewnątrz wydały głośny okrzyk, gdy dostrzegły białego, chociaż wcześniej widziały już Davida. Pojawiło się także kilku groźnie wyglądających wojowników, ale przyjęli postać kuglarza jako przyjaciela dziwacznego śpiewaka.

Wieczorem Duncan wypalił fajkę z Indianami i rozmawiał z nimi po francusku. W pewnym momencie do chaty wszedł mężczyzna, a zszokowany Duncan zobaczył, że to jego wróg Magua. Ale

worked, and the chief didn't recognise him.Suddenly a great shout went through the village, and Duncan went outside to see what was happening. Two figures were being pushed by a great crowd of people towards the camp. One of them was very scared, but the other stood up proudly as the crowd surrounded him. As they got closer, Duncan recognised Uncas, but he didn't know the other man. Duncan soon understood what was happening. The other prisoner was a man of the tribe, but he was afraid of battle, and when he had met Uncas, he had run away. Uncas followed him and was then caught by other Hurons. Magua spoke to the coward.

"Your enemies know the shape of your back, but they have never seen the colour of your eyes. Your voice is loud in the village, but quiet in battle. You are an embarrassment to us."

Then he drew a knife and stabbed it into the Indian's heart. Strangely, the dying man smiled, as if his death had not been as horrible as he thought it might be.

Then Magua turned to Uncas. "Mohican, you have shown much bravery in battle, but tonight will be your last night."

Uncas was tied up and kept prisoner in one of the huts, and Duncan returned to the hut he had been in with David. One of the Indians came to him and asked for help. He thought Duncan and David were witch-doctors and wanted them to cure his daughter. Duncan finished smoking, and they went to the hut.

dzięki przebraniu żartownisia, wódz go nie rozpoznał. Nagle w wiosce rozległ się krzyk. Duncan wyszedł na zewnątrz, żeby zobaczyć, co się dzieje. Tłum szedł popychając w stronę obozu dwie postacie. Jedna z nich była przerażona, ale druga stała dumnie wyprostowana wśród otaczającego ją tłumu. W jednej z postaci Duncan rozpoznał Uncasa, ale drugiego człowieka nie znał. Duncan wkrótce zrozumiał całą sytuację. Otóż drugim więźniem był członek plemienia, ale okazał się tchórzem i kiedy spotkał Uncasa, po prostu uciekł. Uncas śledził go i został złapany przez innych Huronów. Magua zwrócił się do tchórza.

– Twoi wrogowie wiedzą, jak wyglądają twoje plecy, ale nigdy nie widzieli koloru twych oczu. Twój głos brzmi głośno w wiosce, ale jest cichy w bitwie. Przynosisz nam wstyd.

Po czym wyjął nóż i wbił go w serce Indianina. O dziwo, umierający człowiek uśmiechnął się, tak jakby śmierć nie była taka straszna, jak mu się wydawało. Potem Magua zwrócił się do Uncasa:

– Mohikaninie, okazałeś odwagę w walce, ale to już twoja ostatnia noc.

Uncasa związano i uwięziono w jednej z chat, a Duncan wrócił do szałasu, który dzielił z Davidem. Jeden z Indian przyszedł do niego i poprosił o pomoc. Myślał, że Duncan i David to czarownicy i chciał, żeby uleczyli jego córkę. Duncan skończył palić fajkę i poszedł za Indianinem.

As he was walking outside, he noticed a large black bear in the village. The bear started to follow him closely, sometimes even touching the back of his legs.

They arrived at the hut where the Huron's daughter was staying. David quietly told him that it was the same hut that Alice was being kept in. Then he left and Duncan went inside. The Indians, frightened of magic, left him alone, but the bear was allowed to go inside.

The bear sat and watched Duncan, who was quite scared. Then the bear took it's head off, and the animal's face was replaced with the kind face of Hawkeye.

"Quiet, the savages are everywhere. Have you seen Uncas?" asked Hawkeye.

"Yes. He is a prisoner and is to die in the morning. Where did you get such a disguise?"

"There is a magician in the tribe who I saw in the forest. I attacked him and took his costume," said Hawkeye. "Where is Alice?"

"She is in the next room in this hut," replied Duncan, and then he rushed to see her. She was delighted when she saw his familiar face.

"I knew you would come and rescue me."

They hugged, and Duncan felt her shaking.

"If we follow Hawkeye, I think we may escape these terrible people."

Just then he received a tap on the shoulder. To his horror, when he turned around he saw the

Przechodząc przez wioskę, zauważył wielkiego, czarnego niedźwiedzia. Niedźwiedź zaczął iść tak blisko Duncana, że czasami dotykał jego nóg. Wreszcie dotarli do chaty, gdzie leżała córka Hurona. David cicho powiedział Duncanowi, że to ta sama chata, w której przetrzymywano Alice. Po czym oddalił się i Duncan wszedł do środka. Lękający się czarów Indianie także odeszli, ale pozwolili wejść niedźwiedziowi.

Niedźwiedź przysiadł i obserwował przestraszonego Duncana. Nagle zdjął głowę i w miejsce pyska zwierzęcia ukazała się przyjazna twarz Sokolego Oka.

– Bądź cicho, te dzikie łotry są wszędzie. Widziałeś Uncasa? – zapytał Sokole Oko.

– Tak. Jest więźniem i ma umrzeć rano. Skąd masz to przebranie?

– W lesie spotkałem plemiennego czarownika. Zaatakowałem go i zabrałem mu skórę – odparł Sokole Oko. – Gdzie jest Alice?

– Trzymają ją w drugim pomieszczeniu tej chaty – odrzekł Duncan i ruszył jej szukać. Nie posiadała się z radości, gdy zobaczyła jego znajomą twarz.

– Wiedziałam, że przyjdziesz, żeby mnie uratować. Duncan przytulił dziewczynę i poczuł jak drży.

– Możemy uciec tym okropnym ludziom, jeśli pójdziemy za Sokolim Okiem.

W tej samej chwili poczuł klepnięcie w ramię. Odwrócił się i z przerażeniem ujrzał

smiling face of Magua in front of him. He had entered through a different doorway. Alice let out a cry of shock.

"The whitefaces are not as clever as the Huron."

A growl interrupted them. Hawkeye was at the doorway, again dressed as the bear and making frightening noises. The Huron ignored him, thinking that he wasn't dangerous.

"Fool! Go and play with the women and children."

Suddenly the animal grabbed Magua, and Duncan rushed to the Huron and tied him up. Hawkeye then removed his bear's head and looked at Magua, who angrily looked back.

"We must now go to the woods," Hawkeye said to the others.

"It's impossible. Alice is too frightened to move," said Duncan.

"I think we have another way out of here. Cover her in Indian clothes, and then we can pretend she is the sick Indian girl."

So Alice was covered, and the four of them left the hut, leaving Magua and the sick girl behind.

"What are you doing?" asked the father of the Indian girl as they left.

"There is an evil spirit in the hut. We are taking her out and into the forest to make her strong again. She will be well by tomorrow. You are not to go in there, as the evil spirit is strong," said Duncan, still acting like a witch-doctor. Hawkeye growled at the

uśmiechniętą twarz Maguy, który wszedł innym wejściem. Alice krzyknęła ze strachu.

– Blade twarze nie są takie mądre jak Huroni. Przerwał im warkot. W wejściu stał przebrany za niedźwiedzia i wydający przerażające odgłosy Sokole Oko. Huron zignorował go, nie wyczuwając niebezpieczeństwa.

– Głupi! Idź bawić się z kobietami i dziećmi. Nagle zwierzę chwyciło Maguę. Duncan podbiegł do Hurona i związał go. Wtedy Sokole Oko zdjął niedźwiedzią głowę i spojrzał na patrzącego na niego z wściekłością Maguę

– Musimy uciekać do lasu – powiedział Sokole Oko.

– To niemożliwe. Alice jest zbyt przerażona, żeby uciekać – odrzekł Duncan.

– Wydaje mi się, że jest jeszcze inny sposób ucieczki. Przykryj ją indiańskimi ubraniami. Będziemy udawać, że to chora Indianka.

Przykryto Alice i cała czwórka wyszła z chaty, zostawiając w niej Maguę i chorą dziewczynę.

– Co robicie? – zapytał ich ojciec Indianki, widząc jak wychodzą.

– W chacie jest zły duch. Zabieramy ją do lasu, aby odzyskała siły. Jutro będzie zdrowa. Nie wchodźcie do chaty, bo zły duch jest silny – powiedział udający czarownika Duncan. Sokole Oko zawarczał na Indian zebranych na

Indians outside the hut, and they moved back. Hawkeye walked with Duncan and Alice into the forest. When they reached a path, he told them to follow it to the river, and the river would lead to the tribe of Delawares who would be able to help them.

"Are you not coming with us?" asked Duncan.

"No. In that camp is the finest warrior of the Delawares. I must rescue him or die trying."

"Then I hope we will meet again," replied Duncan.

zewnątrz. Indianie cofnęli się, a Sokole Oko, Duncan
i Alice odeszli do lasu. Kiedy dotarli do ścieżki, Sokole
Oko kazał im iść w stronę rzeki. Rzeka zaprowadzi ich
do plemienia Delawarów, którzy udzielą im pomocy.

– Nic idziesz z nami? – zapytał Duncan.

– Nie. W obozie uwięziono najlepszego wojownika
Delawarów. Muszę go uratować, albo zginąć.

– Mam nadzieję, że się jeszcze spotkamy – odpowiedział Duncan.

VI. LUCKY ESCAPES

Hawkeye went back to the village, still dressed as a bear. He looked around the huts until he found one where David was sitting. Then he walked in. David was very surprised to find himself face to face with a bear.

"What do you want, dark and mysterious monster?"

VI. UDANE UCIECZKI

Sokole Oko, ciągle w niedźwiedzim przebraniu, wrócił do wioski. Przyglądał się chatom, aż znalazł tę, w której siedział David. Wszedł do środka. David był bardzo zaskoczony, gdy stanął twarzą w twarz z niedźwiedziem.

– Czego chcesz, czarny i tajemniczy potworze?

Hawkeye took the head off.

"Can it be true?" asked David.

"It can and is," replied Hawkeye. "We are soon to leave this place. Can you take me to where Uncas is staying?"

"It will not be difficult."

The two of them walked to the hut where Uncas was being kept prisoner. The sight of the singing white man and the magician in his bear clothes made people afraid, and they were not given any trouble by the Indians. Before they left the hut, Hawkeye had told David what to say.

"The Delaware are women!" he shouted to the Indians who stood outside the hut. "Do you want to see the man inside shake and cry like a child?"

"Hugh!" was their reply.

"So let us in. My friend here will take away his courage and bravery."

The Indians let them in, but wanted to watch what would happen.

Again David spoke to them. "My friend is worried that if you see and hear what happens, you too will lose your courage."

The Hurons, who could not think of anything worse than losing their courage, left the hut. Hawkeye walked up to Uncas. At first, the young Mohican thought they were enemies, but he soon realised that something was not right about the bear. Hawkeye took the head off.

Sokole Oko zdjął niedźwiedzią głowę.

– Czy to może być prawda? – zapytał David.

– Może i jest – odrzekł Sokole Oko. – Wkrótce opuścimy to miejsce. Czy możesz zaprowadzić mnie do Uncasa?

– To nie będzie trudne.

Poszli do chaty, w której więziono Uncasa. Ludzie obawiali się śpiewającego białego i czarownika w niedźwiedzim przebraniu, więc ich nie zaczepiali. Zanim wyszli z chaty, Sokole Oko powiedział Davidowi, co ma mówić.

– Delawarowie to baby! – krzyczał do Indian stojących przed chatą. – Chcecie zobaczyć człowieka w środku, trzęsącego się i płaczącego jak dziecko?

– Huh! – padła odpowiedź.

– Więc wpuśćcie nas do środka. Mój przyjaciel odbierze mu odwagę.

Indianie pozwolili im wejść, ale chcieli zobaczyć, co się stanie. David przemówił jeszcze raz:

– Mój przyjaciel obawia się, że jeśli zobaczycie i usłyszycie, co się dzieje, wy także stracicie odwagę.

Dla Huronów nie było nic gorszego, niż utrata odwagi, więc opuścili chatę. Sokole Oko podszedł do Uncasa. Z początku młody Mohikanin wziął ich za wrogów, ale zauważył, że coś było nie tak z niedźwiedziem. Sokole Oko zdjął głowę.

"Hawkeye!" said the Indian, surprised and pleased to see his old friend.

"Cut his ropes," Hawkeye told David.

"We must go," said Uncas.

"But how? There are six warriors outside, and David will be no use in a fight."

"The Hurons are cowards. We will beat them easily," replied the Mohican.

"But after that we would have to run for the forest. I'm sure that you are faster than any of them, but I don't think I would be so lucky. Still, one of us would escape."

"I wouldn't leave the brother of my father to be killed by these rats."

"I have an idea, but we must all change clothes," said Hawkeye.

And so David was left in the hut, pretending to be the captured Indian. Hawkeye dressed as the strange singing man, and Uncas walked like a bear. As they left, Hawkeye wished David luck.

There was a lot of interest from the Indians outside.

"Is he afraid?" they asked.

Uncas growled loudly at them, and they moved backwards. The two men walked between the Indians and towards the forest. The Indians slowly started to look into the hut, but they were still scared of what might happen.

After the two had walked about fifty metres, a shout came from the hut.

– Sokole Oko! – rzekł Indianin, zdziwiony i uszczęśliwiony widokiem starego przyjaciela.

– Przetnij mu więzy – Sokole Oko nakazał Davidowi.

– Musimy uciekać – powiedział Uncas.

– Ale jak? Na zewnątrz czeka sześciu wojowników, a z Davida żaden pożytek w walce.

– Huroni to tchórze. Łatwo ich pokonamy – odparł Mohikanin.

– Ale potem musimy dobiec do lasu. Jestem przekonany, że jesteś szybszy od nich, ale nie wydaje mi się, żebym ja miał tyle szczęścia. Chociaż z drugiej strony, przynajmniej jeden z nas ucieknie.

– Nie zostawię brata mojego ojca na pastwę tych szczurów.

– Mam pewien pomysł, ale musimy zamienić ubrania – powiedział Sokole Oko.

I w taki oto sposób David został w chacie. Miał udawać schwytanego Uncasa. Sokole Oko przebrał się za dziwacznego, śpiewającego mężczyznę, a Uncas za niedźwiedzia. Wychodząc, Sokole Oko życzył Davidowi szczęścia. Indianie przed chatą byli bardzo zaciekawieni.

– Czy on się boi? – pytali.

Uncas głośno na nich warknął, więc się odsunęli. Obaj mężczyźni szli między Indianami w kierunku lasu. Indianie powoli zaczęli zaglądać do chaty, ale ciągle obawiali się tego, co może się wydarzyć. Sokole Oko i Uncas przeszli około pięćdziesiąt metrów, gdy usłyszeli dobiegający z chaty krzyk.

"Wait!" Hawkeye told his young friend. "We will run at the sound of a second shout."

Just then, a second shout was heard, followed by many more. The two men took off their disguises and ran towards the forest. They were soon within the darkness of the trees.

David had been mistaken for Uncas for several minutes before he was recognised. The

– Poczekaj! – powiedział Sokole Oko do swojego młodego przyjaciela. – Zaczniemy biec gdy usłyszymy kolejny krzyk.

I właśnie wtedy usłyszeli następny krzyk, a po nim wiele innych. Obaj zdjęli przebrania i ruszyli biegiem w stronę lasu. Wkrótce skryli się w cieniu drzew.

Zanim Indianie rozpoznali Davida, przez kilka minut myśleli, że to Uncas. Ogarnęła ich

Indians were mad when they discovered their mistake, and David feared for his life. He began to sing a funeral song, and the Indians remembered they were with a mad man. The escape had happened at night, so no hunt was made until morning.

That night Magua sat alone in his hut, thinking evil thoughts. Before daylight, warrior after warrior came to his hut to find out his decision. Some of them hoped for a war, but Magua thought differently. When the sun rose, he left with twenty of his warriors to speak to the Delaware. When Magua arrived, he met with the chiefs of the tribe and gave them many gifts. They were pleased to see their friend being so generous. Then he began to speak about Cora.

"How is my prisoner, does she trouble you?"

"She is well, we have had no trouble with her," replied one of the chiefs.

"And have you seen spies in these woods recently?"

"We have seen nothing."

"You don't know that a friend of the British is now staying in this camp?" Magua asked. He then explained what had happened and told them that Hawkeye, Duncan and Alice were all hidden somewhere in the camp.

After hearing this news, one of the Delawares went to get their head chief. He was a man who had

wściekłość, gdy odkryli swój błąd, a David zaczął bać się o własne życie. Zaczął śpiewać pieśń pogrzebową i Indianie przypomnieli sobie, że mają do czynienia z szaleńcem. Ponieważ ucieczka wydarzyła się w nocy, aż do rana nie podjęto pościgu.

Tej nocy Magua siedział samotnie w swojej chacie. W głowie kłębiły mu się złowrogie myśli. Przed świtem kolejni Indianie przychodzili do jego chaty, aby dowiedzieć się, co postanowił. Niektórzy oczekiwali wojny, ale Magua zdecydował inaczej. Kiedy wzeszło słońce, opuścił wioskę z dwudziestoma wojownikami, aby przeprowadzić rozmowę z Delawarami. Po przybyciu do wioski spotkał się z wodzami plemienia i wręczył im wiele darów. Delawarom bardzo przypadła do gustu hojność ich przyjaciela. Magua zaczął mówić o Korze.

– Jak tam mój więzień, czy dziewczyna sprawia kłopoty?

– Ma się dobrze, nie mamy z nią kłopotów – odpowiedział jeden z wodzów.

– Czy widzieliście ostatnio w lesie jakichś szpiegów?

– Nic nie widzieliśmy.

– To nie wiecie o tym, że w obozie przebywa obecnie sprzymierzeniec Brytyjczyków? – zapytał Magua. Potem wyjaśnił, co się wydarzyło i opowiedział Indianom, że gdzieś w obozie ukrywają się Sokole Oko, Duncan i Alice.

Po wysłuchaniu tych wieści jeden z Delawarów sprowadził naczelnego wodza. Był on w wieku, który

reached an age few humans ever reach. When he arrived, he was dressed in expensive furs and jewellery. A whisper went from mouth to mouth that "Tamenund" had left his wigwam, and all the Indians of the tribe came to watch what would happen.

Then a small group walked to the group of chiefs. They were to discover what would happen to them. Leading the group was Cora, with Alice shaking beside her, as well as Hawkeye and Duncan. Uncas was not with them.

Magua was the first to speak. "I am a friend to Tamenund. These are my prisoners. They are British and are our enemies."

"A friend! What do you want, Huron?" replied the ancient chief.

"Justice. I want my prisoners."

The eyes of the chief moved to Cora, and she walked forward and knelt at his feet.

"Please do not listen to this man. His words are like poison. He lies to you. All we ask is to be given permission to leave this place and return to our homes."

At that moment Uncas walked towards the group. The eyes of the whole tribe were on him. He stood in front of Tamenund.

One of the Delaware chiefs, who had no love for white men, said, "He is a friend of the British. One of their dogs."

"And you are a dog of this Huron," replied Uncas, pointing at Magua.

nielicznym tylko udaje się osiągnąć. Miał na sobie drogie futra i ozdoby. W całym obozie rozległ się szept, że Tamenund opuścił swój wigwam. Wszyscy Indianie przyszli zobaczyć, co się wydarzy. Wtedy mała grupka ludzi podeszła do wodzów. Chcieli dowiedzieć się, jaki będzie ich los. Grupkę prowadziła Kora. Obok niej szła drżąca Alice, a także Sokole Oko i Duncan. Nie było z nimi Uncasa.

Magua przemówił pierwszy.

– Jestem przyjacielem Tamenunda, a to są moi więźniowie. Są Brytyjczykami i naszymi wrogami.

– Przyjacielu! Czego chcesz, Huronie? – odpowiedział stary wódz.

– Sprawiedliwości. Chcę moich więźniów.

Oczy wodza spoczęły na Korze, która podeszła i padła mu do stóp.

– Proszę, nie słuchaj tego człowieka. Jego słowa są jak trucizna. On cię okłamuje. Wszystko, o co prosimy, to pozwolenie na opuszczenie wioski i powrót do domu.

W tym momencie do grupy podszedł Uncas. Całe plemię patrzyło na niego. Uncas stanął przed Tamenundem. Jeden z wodzów Delawarów, nie będący przyjacielem białych, rzekł:

– To przyjaciel Brytyjczyków. Jeden z ich psów.

– A ty jesteś psem Huronów – odrzekł Uncas, wskazując na Maguę.

Twenty knifes were drawn around the young man.

The old chief watched all this and then made his decision. "You are not worthy to call yourself a Delaware. You shall be killed by the torture of fire." With that, men grabbed him and removed his furs. One of these men let out a cry of shock when he saw Uncas's chest. On it was a small tattoo of a blue tortoise. Suddenly they realised who Uncas was – a chief of the Mohicans.

"Great chief, this man is our enemy," Uncas said pointing to Magua.

"It is the law of the Indians that what is borrowed, shall be returned," said Magua cleverly. "The dark-haired one is mine to take back."

"It is true," replied Uncas.

Tamenund turned to Cora. "This man is a great chief. Your race will not die if you marry him."

"I would rather a thousand times it did, than to marry such a monster."

"Huron, an unhappy woman makes an unhappy wigwam," said Tamenund, looking at Magua.

"Magua," said Duncan, "the money you will receive instead of her will make you very rich."

"Magua is a redskin, he doesn't need the gold of the white men."

W stronę młodzieńca wyciągnięto dwadzieścia noży. Stary wódz obserwował sytuację i podjął decyzję.

– Nie jesteś godzień nazywać się Delawarem. Zginiesz w ogniu.

Słysząc to, mężczyźni pochwycili Uncasa i zdjęli z niego futra. Jeden z mężczyzn wydał okrzyk zdziwienia zobaczywszy pierś Uncasa, albowiem widniał na niej mały tatuaż przedstawiający niebieskiego żółwia. Nagle Indianie zorientowali się kim naprawdę był Uncas – wodzem Mohikanów!

– Wielki wodzu, ten człowiek jest naszym wrogiem – rzekł Uncas, wskazując Maguę.

– Wśród Indian obowiązuje prawo, że co zostało pożyczone, musi być zwrócone – powiedział przebiegle Magua. – Ciemnowłosa jest moja i powinna wrócić do mnie.

– To prawda – odparł Uncas.

Tamenund zwrócił się do Kory:

– Ten człowiek jest wielkim wodzem. Twój ród nie zginie, jeśli go poślubisz.

– Niech zginie po tysiąckroć, jeśli miałabym poślubić takiego potwora.

– Huronie, nieszczęśliwa kobieta to nieszczęśliwy wigwam – rzekł Tamenund, patrząc na Maguę.

Wtedy przemówił Duncan:

– Maguo, dzięki pieniądzom, które dostaniesz za Korę, staniesz się bardzo bogaty.

– Magua jest czerwonoskórym, nie potrzebuje złota białych ludzi.

Hawkeye stepped forward, "I will give you myself instead of her. I have killed many of your men, and I will kill many more if you do not take my offer."

"Magua is a great chief. He knows what he wants," said Magua.

With that, the decision was made, and the Huron walked towards the forest path, with Cora as their prisoner and Magua's woman. As they left, Uncas gave them one last warning.

"Magua, you only have a little time. After that time, I promise you will be hunted by many men."

"Dogs! Rabbits! Thieves! I spit on you!" shouted Magua back at him. Then he left the camp, protected by the ancient Indian laws of hospitality.

Sokole Oko wystąpił do przodu:

– Dam ci siebie w zamian za nią. Zabiłem wielu twoich ludzi i zabiję jeszcze więcej, jeśli nie przyjmiesz mojej oferty.

– Magua jest wielkim wodzem i wie, czego chce – odparł na to Magua.

Taką oto podjęto decyzję. Huron odszedł do lasu z Korą jako więźniem i swoją kobietą. Ale Uncas dał mu jeszcze ostatnie ostrzeżenie.

– Magua, masz mało czasu. Gdy ten czas upłynie, obiecuję ci, że będziesz ścigany przez wielu ludzi.

– Psy! Zające! Złodzieje! Pluję na was! – krzyknął do niego Magua. A potem, chroniony pradawnym, indiańskim prawem gościnności, opuścił obóz.

VII. THE LAST OF THE MOHICANS

After the Hurons left, Uncas went and spoke with Hawkeye.

"What does Hawkeye say?" asked Uncas.

"Give me twenty rifles; then you go and find them, and we will attack them. After that, we will take the woman from his cave."

So, twenty warriors were selected, including David and Duncan, to follow Hawkeye, and they walked to an area close to the beaver lodge. Here they would make the first attack against the

VII. OSTATNI MOHIKANIN

Po odejściu Huronów Uncas poszedł porozmawiać z Sokolim Okiem.

– Co ma do powiedzenia Sokole Oko? – zapytał Uncas.

– Daj mi dwudziestu uzbrojonych w strzelby ludzi. Znajdź Huronów. My ich zaatakujemy. Potem zabierzemy kobietę z jaskini Maguy.

Wybrano dwudziestu wojowników, wśród których byli także David i Duncan. Poszli za Sokolim Okiem w kierunku żeremi bobrowych. W tym miejscu planowali pierwszy atak na

Huron. The two groups left together and went in their different directions. When Hawkeye and his men reached the beaver lodge, they were pleased to see Chingachgook and Munro join them.

The Hurons soon appeared nearby in an open area. A shout came from Uncas as he came from the other side of the forest leading a hundred warriors. Hawkeye and his men fired at the Huron, and many of their warriors fell, while some of them began to run away.

However, one little group stayed. Magua was within this party. As soon as Uncas saw his enemy, he ran towards him despite being outnumbered. Magua, thinking the kill would be easy, waited with secret joy. At that moment, Hawkeye came to the rescue with his white friends. As a group, they fought together and killed many Huron. But Magua, when he saw his comrades falling, ran away from the place with one of his surviving friends. Uncas and the others followed him and were led into the cave of the Huron.

Inside the cave were hundreds of women and children, but Uncas kept his eye on Magua, and he followed him out of the cave and up a narrow mountain path. Suddenly Duncan saw a white dress blowing in the wind.

"It's Cora!" he shouted.

"Cora! Cora!" shouted Uncas.

They continued their hunt; Duncan and Uncas followed closely, while Hawkeye was more cautious because the way up the mountain was dangerous.

Huronów. Obie grupy wyruszyły razem, ale rozdzieliły się po pewnym czasie. Kiedy Sokole Oko i jego ludzie dotarli do żeremi, dołączyli do nich Chingachgook oraz generał Munro.

Wkrótce na otwartym terenie pojawili się Huroni. Uncas, prowadzący stu wojowników, wyszedł z drugiej strony lasu. Sokole Oko i jego ludzie otworzyli ogień do Huronów. Wielu wojowników zabili, inni zaczęli uciekać.

Jednakże jedna grupa pozostała. Przewodził jej Magua. Gdy tylko Uncas dojrzał swego wroga, ruszył w jego kierunku, nie zważając na przeważające siły Huronów. Maguę, mającego nadzieję, że z łatwością go zabije, opanowała wewnętrzna radość. W tym momencie Sokole Oko i jego biali towarzysze pospieszyli na ratunek. Walczyli ramię w ramię i zabili wielu Huronów. Kiedy Magua zobaczył, że jego ludzie giną, uciekł z miejsca walki z jednym z ocalałych współplemieńców. Uncas ze swoimi ludźmi pobiegł za nimi i w ten sposób dotarli do jaskini Huronów. W jaskini znajdowały się setki kobiet i dzieci, ale Uncas patrzył tylko na Maguę. Wybiegł za nim z jaskini w górę wąskiej, górskiej ścieżki. Nagle Duncan zauważył powiewającą na wietrze białą suknię.

– To Kora! – wykrzyknął.

– Kora! Kora! – krzyczał Uncas.

Kontynuowali pościg. Duncan i Uncas trzymali się blisko. Sokole Oko był bardziej ostrożny, droga wiodąca w górę była niebezpieczna.

Slowly, the two men in front got closer to the Hurons.

Suddenly Cora stopped. "I will go no further," she cried. "Kill me if you want, you hateful Huron."

The Indian with Magua pulled out his knife to kill her, but Magua stopped him and pulled out his own knife.

"Woman, choose; my wigwam or my knife!"

"I am yours! Do what you will with me," she replied.

At that moment, there was a cry from above them and Uncas, jumping from a frightening height, landed on the narrow path between Magua and Cora. Magua stepped back in fear. His comrade took the chance to stab his knife into Cora's heart. Uncas watched in horror, powerless to stop her death. Magua jumped like a tiger towards his enemy and stabbed him in the back. The Mohican fell, but then got up and, with the last of his strength, killed the murderer of Cora. Then he turned to face Magua. The look in his eyes told Magua what he would have done if his power hadn't left him. The Huron stabbed him three times before Uncas, still looking into his eyes, died.

"Mercy! Mercy!" cried Duncan in horror.

Magua looked at him and then let out a wild cry of delight that could be heard by those who fought in the valley hundreds of metres below. Hawkeye let out a cry of shock, and Magua continued to run. He reached a point where a wide gap in the path had to be jumped.

Stopniowo dwaj mężczyźni z przodu doganiali
Huronów. Kora nagle zatrzymała się.

– Nie pójdę dalej – załkała. – Zabij mnie, jeśli
chcesz, ty okropny Huronie.

Indianin, uciekający z Maguą, wyciągnął nóż by
zabić Korę, ale Magua powstrzymał go i wyciągnął
własny nóż.

– Kobieto, wybieraj, mój wigwam albo mój nóż!

– Jestem twoim więźniem! Rób, co chcesz – odrzekła.

W tej chwili nad nimi rozległ się krzyk. Uncas zeskoczył z góry i znalazł się na wąskiej ścieżce pomię-
dzy Korą i Maguą. Magua cofnął się ze strachu. Jego
towarzysz wykorzystał moment i zatopił nóż w sercu
Kory. Uncas patrzył bezradny na umierającą Korę.
Magua niczym tygrys skoczył na niego i wbił mu nóż
w plecy. Mohikanin upadł, ale po chwili podniósł
się i ostatkiem sił zabił mordercę Kory. Potem spojrzał na Maguę. Magua wyczytał z oczu Uncasa, co
mogłoby się stać, gdyby siły nie opuściły Mohikani-
na. Huron zadał mu jeszcze trzy ciosy nożem, nim
patrzący mu wciąż w oczy Uncas umarł.

– Litości! Litości! – wołał przejęty do głębi
Duncan.

Magua spojrzał na niego, a potem wydał dzi-
ki okrzyk radości, tak głośny, że usłyszeli go wojownicy walczący w dolinie setki metrów poniżej.
Sokole Oko wydał z siebie jęk rozpaczy, a Magua kontynuował ucieczkę. Dobiegł do szerokiej
rozpadliny na ścieżce, którą musiał przeskoczyć.

After this, the mountain would give him safety. He turned one last time to look back at his enemies.

"The whitefaces are dogs! The Delawares are women! Magua leaves them on the rocks for the crows."

He then made his desperate jump, but fell short and was left holding onto the edge of the path. Hawkeye got closer, then he raised his rifle. At the moment of his shot, his arms was as motionless as the stones of the mountain. The body of the Huron shook, and for a moment Magua turned to look at Hawkeye. Then he lost his hold and began his quick fall to death.

On the following day, the nation of the Delawares was in sadness. The whole community of the Huron had been destroyed, and hundreds of crows flew over the scene of the battle. There were no shouts of success or songs of victory. The whole tribe gathered around one place. In the centre were the bodies of Cora and Uncas. Six Delaware girls sat around them, throwing sweet smelling forest flowers onto them. Cora was wrapped in fine Indian cloth, her face forever shut from the eyes of men. At her feet sat Munro, his head bowed. David and Duncan were at his side. As sad as this group looked, they looked less miserable than the Indians. Uncas was seated as he had been in life – serious and thoughtful. He wore the finest clothes that the wealth of the tribe could offer. In front of him sat Chingachgook.

Potem będzie bezpieczny w górach. Po raz ostatni odwrócił się, aby spojrzeć na swych wrogów.

– Blade twarze to psy! Delawarowie to baby. Magua zostawia ich na skałach krukom na pożarcie.

I wykonał desperacki skok, ale spadł za blisko i zawisł na krawędzi ścieżki. Sokole Oko zbliżył się i podniósł strzelbę. Kiedy wypalił, jego ramiona były tak nieruchome jak górskie kamienie. Ciało Hurona zadrżało i przez chwilę Magua patrzył na Sokole Oko. Po czym stracił oparcie i runął w otchłań śmierci.

Następnego dnia plemię Delawarów pogrążone było w smutku. Cała społeczność Huronów została unicestwiona. Nad miejscem walki krążyły setki kruków. Ale nie było radości ani zwycięskich pieśni. Plemię zebrało się wokół jednego miejsca, gdzie leżały ciała Kory i Uncasa. Dookoła nich siedziało sześć delawarskich dziewcząt, rzucających na ciała słodko pachnące, leśne kwiaty. Korę zawinięto w piękną indiańską tkaninę, jej twarz na zawsze pozostanie ukryta przed ludzkimi spojrzeniami. U jej stóp z opuszczoną głową siedział Munro. Przy jego boku stali David i Duncan. I chociaż grupa przedstawiała smutny widok, to w jeszcze większej boleści pogrążeni byli Indianie. Siedzący Uncas wyglądał jak za życia – poważny i zamyślony. Ubrano go w najpiękniejsze i najbogatsze szaty, jakie mogło dostarczyć jego plemię. Chingachgook siedział przed nim.

The Mohican warrior's eyes were fixed on his son's cold and lifeless face. Hawkeye stood next to him. Tamenund spoke.

"Our God's eyes are not looking; his ears are shut; his tongue doesn't speak. His face is behind a cloud."

The women of the crowd began to sing in honour of the dead, and they described Uncas as a panther, a man faster and braver than any other, his eyes brighter than the stars, his voice louder than thunder. They then spoke of Cora, a woman of incredible beauty and intelligence, and they compared her to a flake of snow. Their final wish was that the two would meet together in the afterlife and be forever happy.

Next, a warrior came and stood before Uncas.

"Why have you left us? Who that saw you in battle would believe that you could die?"

All of the other warriors followed him to say their final goodbye.

When they had finished, the women stood and lifted the body of Cora above their heads. The group of whites followed. Cora was carried to a small hill, which was to be her final resting place.

"You have done well, we thank you." Hawkeye said to them.

Cora's body was then lowered into ground and covered. David sang a hymn, and the Indians listened, seeming to understand every word. After he had finished, all eyes turned to Munro and listened as he spoke to Hawkeye.

Oczy mohikańskiego wojownika były utkwione w zimnej i martwej twarzy syna. Przy nim stał Sokole Oko. Przemówił Tamenund:

– Oczy naszego Boga nie patrzą, jego uszy nie słyszą, jego język nie mówi. Jego twarz jest za obłokiem.

Kobiety zaczęły śpiewać ku czci zmarłych. Opisywały Uncasa jako panterę, człowieka szybszego i dzielniejszego niż inni, jego oczy jako jaśniejsze od gwiazd, a głos głośniejszy od grzmotu. Potem śpiewały o Korze, kobiecie niezrównanej urody i mądrości. Porównywały ją do płatka śniegu. Ostatnim życzeniem płaczek było, aby ci dwoje spotkali się po śmierci i byli na zawsze szczęśliwi.

Następnie przed ciałem Uncasa stanął wojownik.

– Dlaczego nas opuściłeś? Kto z tych, którzy widzieli cię w walce, uwierzyłby, że możesz umrzeć?

Dołączyli do niego pozostali wojownicy, aby złożyć ostatnie pożegnanie. Gdy mężczyźni skończyli przemowy, wstały kobiety i wysoko uniosły ciało Kory. Za nimi ruszyli biali. Korę zaniesiono na niewysoki pagórek, który miał być miejscem jej wiecznego spoczynku. Sokole Oko zwrócił się do nich:

– Dobrze się sprawiłyście. Dziękujemy wam.

Po czym ciało Kory złożono na ziemi i przykryto. David zaintonował pieśń, a zasłuchani Indianie wydawali się rozumieć każde słowo. Po skończonej pieśni wszyscy spojrzeli na generała Munro, aby posłuchać słów wypowiedzianych do Sokolego Oka:

"Say to these kind and gentle women that a heartbroken old man thanks them. Tell them that the One we all call God will remember their charity." He then looked up to the sky. "I understand You. It is your wish, and I give you Cora, my daughter."

Then all the white men, except Hawkeye, left the Delawares, and were soon lost from sight in the forest.

Uncas was buried next, in a seated position, facing the rising sun. Once his body was covered, attention turned to Chingachgook, who then spoke.

"Why are my brothers so sad? Why do my daughters cry? My son filled his time with honour. God needed a warrior, and Uncas was called. My line has ended. I am alone."

"No, no," cried Hawkeye, "you are not alone. God has put us on the same path. We will journey together. The boy has left us, but you are not alone."

Chingachgook took his hand, and the two of them bowed their heads. Tears fell to their feet, watering the grave of Uncas like falling rain.

Tamenund slowly stood up and spoke with sadness.

"My day has been too long. In the morning the Delawares were happy and strong. Yet, before night, I have lived to see the last warrior of the wise race of the Mohicans."

– Powiedz tym dobrym i szlachetnym kobietom, że stary człowiek ze złamanym sercem chce im podziękować. Powiedz im, że Jedyny, zwany przez nas Bogiem, zapamięta ich dobroć. – Generał spojrzał w niebo. – Rozumiem Cię. Takie jest Twoje życzenie, więc oddaję Ci swoją córkę, Korę.

Po tych słowach wszyscy biali, z wyjątkiem Sokolego Oka, opuścili plemię Delawarów i wkrótce zniknęli w lesie.

Po ich odejściu pochowano Uncasa. Zgodnie ze zwyczajem, w siedzącej pozycji, z twarzą zwróconą ku wschodzącemu słońcu. Przykryto jego ciało i skierowano uwagę na Chingachgooka, który tak przemówił:

– Dlaczego moi bracia się smucą? Dlaczego moje córki płaczą? Mój syn przeżył życie z honorem. Bóg potrzebował wojownika, więc powołał Uncasa. Mój ród wygasł. Zostałem sam.

– Nie, nie – wykrzyknął Sokole Oko – nie jesteś sam. Bóg postawił nas na tej samej drodze. Pójdziemy nią razem. Młodzieniec nas opuścił, ale nie jesteś sam.

Chingachgook ujął dłoń Sokolego Oka. Obaj skłonili głowy. Łzy spadały na ziemię niczym deszcz, obmywając grób Uncasa.

Tamenund podniósł się powoli i powiedział ze smutkiem:

– Mój dzień był zbyt długi. Rankiem Delawarowie byli szczęśliwi i silni. Ale zanim zapadła noc, ujrzałem ostatniego wojownika z mądrego plemienia Mohikan.

CONTENTS

SPIS TREŚCI

Wszystkie tytuły z serii *Czytamy w oryginale:*

Moby Dick – Moby Dick

The Last of the Mohicans – Ostatni Mohikanin

Dracula – Drakula

Lord Jim – Lord Jim

Three Men in Boat – Trzech panów w łódce

Robinson Crusoe – Robinson Crusoe

The Secret Garden – Tajemniczy ogród

The Adventures of Tom Sawyer – Przygody Tomka
Sawyera

The Adventures of Sherlock Holmes – Przygody
Sherlocka Holmesa

Alice's Adventures in Wonderland – Alicja w krainie
czarów

Treasure Island – Wyspa Skarbów

Gulliver's Travels – Podróże Guliwera

The Wonderful Wizard of Oz – Czarnoksiężnik
z Krainy Oz

White Fang – Biały Kieł

Sense and Sensibility – Rozważna i romantyczna

Pollyanna – Pollyanna

Peter Pan – Piotruś Pan

A Christmas Carol – Opowieść wigilijna

Więcej informacji na www.44.pl